# 99 WUNDERBARE DINGE, DIE DEINE SEELE WÄRMEN

arsEdition

# DAS GLÜCK LIEGT IN DEN KLEINEN DINGEN ...

... und dieses charmante Buch versammelt 99 davon, um dir die kalte Jahreszeit stimmungsvoll zu versüßen. Hast du schon einmal probiert, deine eigenen Socken zu stricken? Oder wie wäre es mit einem erholsamen Spaziergang durch den Wald? Auf jeder Seite wartet eine kreative und alltagstaugliche Anregung für Wohlfühlpausen voller Lebensfreude auf dich. Ein warmes Frühstück, eine Tasse Tee am Fenster, die Strahlen der Wintersonne im Gesicht – genieße diese kleinen Auszeiten voller Wärme und Wunder.

1

# Finde dein »Soul Food«

Essen hält nicht nur Leib und Seele zusammen, sondern kann auch ein echter Seelenwärmer sein. Klassiker wie Milchreis mit Kirschen, gebrannte Mandeln mit Zimt oder hausgemachte Lasagne machen glücklich und schenken Trost. Oft sind es Gerichte, die in der Kindheit schon eine große Rolle gespielt haben. Welches Essen schenkt dir Geborgenheit?

2

# HOLE DIR LICHT IN DEN ALLTAG

Stelle an mehreren Orten in deinem Zuhause Kerzen auf. Kombiniere große und kleine Kerzen, gerade mit gedrehten und schlichte mit kunterbunten. Wenn du deine Wohnung abends in ein Lichtermeer verwandelst, schafft das Gemütlichkeit und auch in dir selbst ein Leuchten voller Glück.

3

# Höre Musik,
## die dich entspannt

Mit geschlossenen Augen deiner Lieblingsmusik zu lauschen hat nachweislich einen positiven Effekt auf dich. Musik ist pure Emotion! Wenn du Lieder hörst, mit denen du dich wohlfühlst, entspannst du dich, Atemfrequenz und Blutdruck normalisieren sich, sogar Ängste und Schmerzen können gelindert werden. Zieh dich an einen ungestörten Ort zurück, setz Kopfhörer auf und genieße mit allen Sinnen.

# 4

# FÜHRE EIN TAGEBUCH

Schreibe deine Gedanken, Sorgen und Glücksmomente in einem Tagebuch auf. Es ist wie eine liebe Person, der du alles anvertrauen kannst und die dich nicht bewertet. Es gibt keine Regeln, schreib einfach alles auf, was dich bedrückt, beschäftigt oder begeistert.

Lerne dich selbst weniger zu bewerten, sondern dich mit allen Ecken und Kanten anzunehmen.

## 5 GENIESSE EINE RUNDE BODY SCAN

Schließe in Rückenlage oder im Sitzen deine Augen und spüre vom Scheitel bis zu den Zehen einmal in jeden Körperteil hinein. Nimm einfach wahr, was du bemerkst, aber gehe diesen Empfindungen nicht nach. Konzentriere dich nur auf deinen Körper und öffne nach ein paar Minuten die Augen. Fühlst du, wie du dir selbst nähergekommen bist?

## 6 MACH EINE BEWUSSTE ATEMÜBUNG

An hektischen Tagen oder beim Einschlafen kann tiefes Atmen dir beim Entspannen helfen. Ein paar Minuten lang tief und bewusst ein- und auszuatmen signalisiert deinem Körper (und damit auch deinem Kopf), dass alles okay ist. Und das ist es doch, oder?

7

# Lass dein Handy links liegen

Es ist für die meisten von uns normal, unser Smartphone immer und überall griffbereit zu haben. Wie wäre es, wenn du es einmal nicht neben dich legst, sondern in einen anderen Raum, und zusätzlich auf lautlos stellst? Und wenn es nur für eine Stunde ist: Diese Zeit, in der du nicht erreichbar bist, ist Gold wert.

8

# Benutze nur Regenschirme in bunten Farben

Wenn das Wetter schon trist und grau ist, wieso sollte es dann auch dein Regenschirm sein? Schnappe dir einen sonnengelben, quietschgrünen oder trendig mintfarbenen Schirm und springe durch die Pfützen.

9

# STREICHE EINE WAND

Ab und zu muss es einfach ein bisschen Veränderung sein. Du kannst dir auch nur einen Teil der Wand vornehmen und zum Beispiel nur einen Streifen oder ein Quadrat mit Farbe überpinseln. Schlendere für neue Inspirationen doch mal wieder durch einen Baumarkt.

10

# Verteile Komplimente

(auch an dich selbst!)

11

# HÜLLE DEIN ZUHAUSE IN WOHLIGE DÜFTE

Gerade in der kalten Jahreszeit helfen Gute-Laune-Aromen wie Zimt, Vanille, Kardamom, Zirbelkiefer oder Orange, die Stimmung zu heben und ein Wohlgefühl zu erzeugen. Verwende Gewürze beim Kochen und Backen, bereite aromatische Tees zu oder benutze ein Duftöl im Wohnzimmer.

12

# LERNE, NEIN ZU SAGEN

Ein Nein ist nicht unfreundlich, es ist oft genau das, was du zur Zufriedenheit brauchst. Niemand wird es dir übelnehmen, wenn du eine Verabredung absagst oder einmal nicht beim Umzug hilfst. Schau auf dich und schenke dir ein Ja zu dir selbst.

13

# Probiere ayurvedische Rezepte aus

Sie bringen Körper und Seele wieder ins Gleichgewicht und wirken wärmend und aktivierend.

14

# Drucke schöne Erinnerungsfotos aus

Erinnerungen sind wie Wärmflaschen für die Seele, sagt man. Zeit, sie endlich in Rahmen an die Wand zu hängen! Wie viele Wochen, Monate, Jahre schiebst du das schon vor dir her?

15

# Verbringe Zeit alleine …

16

# … oder gehe unter Menschen

Kaum etwas ist für dein Wohlbefinden so wichtig, wie auf die eigenen Bedürfnisse zu hören und ihnen Raum zu geben. Was sagt dir heute dein Bauchgefühl? Sehnst du dich nach Austausch oder Rückzug?

17

# BEREITE DIR EINE WÄRMFLASCHE ZU

Gibt es etwas Wohligeres, als auf dem Bauch oder am Rücken eine Wärmflasche liegen zu haben? Wärmflaschen sind wahre Seelentröster – wie eine Umarmung von einem lieben Menschen.

18

# Führe ein Dankbarkeits- oder Erfolgstagebuch

Dir am Abend noch mal bewusst zu machen, für was du dankbar bist, lässt dich die kleinen Dinge wieder mehr wahrnehmen. Du konzentrierst dich auf das Positive im Leben, auf deine Ressourcen, auf deine Kraftspender. Mach eine Routine daraus! Du kannst auch jeden Tag deine kleinen und großen Erfolge notieren. Wenn dich einmal Selbstzweifel plagen, kannst du einfach die Seiten durchblättern und sehen, wie weit du schon gekommen bist.

19

# Plane bei schönem Wetter einen Aktivtag

Verbringe diesen Tag zum Beispiel beim Wandern, Radfahren oder Spazierengehen an der frischen Luft.

20
TANKE
HERBSTSONNE,
SOBALD SIE SICH
ZEIGT

21

# SCHAU DEM HERBSTLAUB BEIM FALLEN ZU

22

# Spring in einen Laubhaufen

Erinnerst du dich daran, wie schön es früher war, ausgelassen in buntes Herbstlaub zu springen? Die goldenen Blätter auf dem Gehweg herumzuwirbeln? Ganz egal, was andere Spaziergänger:innen denken mögen: Lass dich heute nicht bremsen und spring in einen Laubhaufen!

# 23

## Backe einen herbstlichen Kuchen

Würziger Pumpkin Spice Pie, warmer Zwetschgendatschi mit Schlagsahne oder leckerer Apfelkuchen mit Streuseln und Zimt – auf was hast du am meisten Lust? Lasse eine Herbst-Playlist laufen und zelebriere diesen Moment, wenn sich beim Backen langsam die Aromen in der Küche verteilen.

## 24

Du stehst vor einer Entscheidung? Hör auf dein Herz …

## 25

… oder verabrede dich zum Tee

Frage einen lieben Freund, deine Schwester oder eine Person aus deinem Team bei der Arbeit, ob dich jemand begleiten möchte. Ein Nachmittagstee wärmt nicht nur den Körper, sondern auch das Gemüt und euer Verhältnis zueinander.

Das wird dich entweder auf andere Gedanken bringen oder dich in deiner Entscheidung bekräftigen.

26

# Feiere die Schönheit des Herbstes

Jede Jahreszeit hat ihren ganz eigenen Zauber! Mach dir mit Hilfe einer Liste bewusst, was du am Herbst liebst. Die vielen Farben? Die klare Luft? Die freien Abende voller Ruhe und Geborgenheit? Leite dir zu den drei liebsten Dingen jeweils ein Dankbarkeitsmantra oder eine positive Affirmation ab und notiere sie dir. »Mein Leben ist reich an Farben und ich lasse diese Wärme in mein Herz.« »Ich habe es verdient, mich einfach mal zurückzuziehen.« Sag dir diese bestärkenden Worte morgens und abends vor – in Gedanken oder laut zu deinem Spiegelbild.

27

# NIMM DEINE GEFÜHLE AN

Lass dich von einer geführten Meditation
im Internet in den Moment zurückholen,
wenn der Tag hektisch und voller Verpflichtungen war.
Versuche, aufkommende Gefühle einfach anzunehmen,
ohne sie als gut oder schlecht zu bewerten.
Sie dürfen da sein. Alles ist im Fluss.

# 28

## Praktiziere »Waldbaden«

Spaziere durch den Wald, nimm die wohltuenden Gerüche und Geräusche mit allen Sinnen wahr und fasse hier und da ein Blatt, einen Stamm oder saftiges Moos an. Nimm wahr, wie dein Stresspegel sinkt, dein Atem tiefer wird und du dich mehr und mehr entspannst. Gehe so oft wie möglich zum »Waldbaden« – zu viel davon gibt es nicht.

29

SAMMLE
KASTANIEN
UND BEHALTE
EINE DAVON ALS
HANDSCHMEICHLER
IN DER
HOSENTASCHE

30

# Befreie dich von materiellem Ballast

Die Schuhe, die dir eigentlich immer schon zu groß waren … Der Pulli, der beim Waschen eingegangen ist, von dem du dich aber noch nicht trennen konntest … Das Biologie-Fachbuch aus deinen Studienjahren … Ist es nicht vielleicht inzwischen Zeit, das eine oder andere loszulassen?

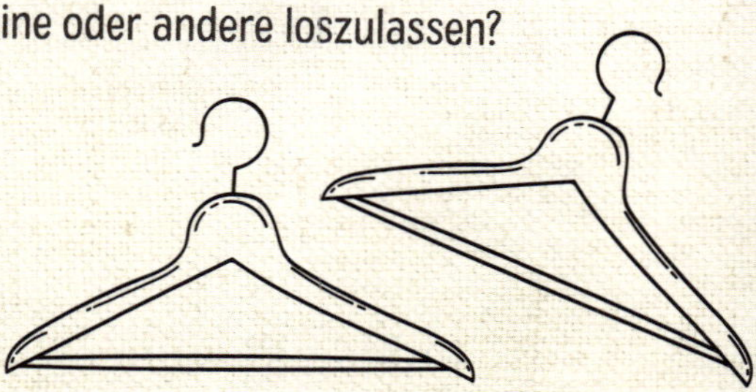

31

# Lache!

Lachen ist pures Loslassen. Es setzt Endorphine frei und verhilft dir so zu Glücksgefühlen. Sag schlechter Laune den Kampf an – schau dir witzige Videos im Internet an, triff dich mit deinen spaßigsten Freund:innen oder betrachte alte Fotos von lustigen Ereignissen.

32

# Plane deine nächste Reise

Vorfreude ist schließlich die schönste Freude.
Wo willst du hinreisen und mit wem?
Zug oder Flugzeug? Camping oder Hotel?
Notiere dir alle deine Reisewünsche
und beginne mit der Recherche.

33

# SCHMIEDE SCHÖNE AUSFLUGSPLÄNE FÜR DIE NÄCHSTEN MONATE

Schließlich braucht man immer etwas, worauf man sich freut!

34

# MACH EINE KLEINE RADTOUR

## 35

## Passe deine Haut- und Körperpflege an die kalte Jahreszeit an

## 36

## Hol dir einen Energiekick

Backe leckere Herbstmüslikekse mit Zutaten,
die Energie schenken: Haferflocken, Nüsse,
Trockenfrüchte wie Datteln oder Aprikosen ...
Verstaue die Kekse in einer schönen Aufbewahrungsdose
und gönne dir immer wieder einen, wenn du
in ein Nachmittagstief rutscht, wenn du unterwegs bist
oder nicht viel Zeit zum Frühstücken hast.

37

# Schreib es einfach auf

Leg dir ein Notizbuch neben das Bett und
notiere dir abends Ideen, die einfach keine Ruhe geben.
So wirst du viel besser einschlafen können,
weil dein Kopf nicht weiter grübeln muss, wenn die Dinge
aufgeschrieben wurden. Wenn du magst,
kannst du morgens nach dem Aufwachen festhalten,
von was du geträumt hast – wenn du dich
daran erinnern kannst ...

38

# UMARME JEMANDEN

39

# Dekoriere deine Wohnung neu

Es gibt zu jeder Jahreszeit Farben, die Fröhlichkeit bringen! Welche davon machen dich glücklich? Setze Akzente in deiner Wohnung und zaubere eine gemütliche Stimmung mit Kunst, Kerzen, Kissen und Kastanien.

40

# SCHENKE DIR SELBST ZEIT

Trage einen Termin nur für dich
in deinen Kalender ein. Diesen Termin solltest du
keineswegs verschieben oder verstreichen lassen!
Mach etwas nur für dich allein,
was du gerne magst.

41

# SCHREIB EINE GLÜCKSLISTE MIT DINGEN, DIE DIR KRAFT SCHENKEN

42

## Fahr übers Wochenende weg

Zu Freunden nach Hamburg, mit dem Nachtzug nach Amsterdam oder zum Wandern nach Österreich. Genieße die Auszeit, lass die Seele baumeln und hol dir neue Inspiration für den Alltag. Ein Tapetenwechsel wird immer einen positiven Effekt auf dich haben!

43

## Verbringe Zeit an deinem Glücksort

Das unscheinbare Café an dem Platz, wo die beiden bunten Blumenstände stehen. Die alte Buchhandlung dahinter. Die durchgesessene Ecke deiner Couch mit deiner Katze auf dem Schoß ... Welcher (gut zu erreichende) Ort macht dich glücklich?

44

Probiere
# Eisbaden aus …

… oder reibe dir mit eiskaltem Wasser Gesicht und Arme ab. Das bringt dein Herz-Kreislauf-System in Schwung und aktiviert noch dazu deine Abwehrkräfte. Und das gute Gefühl danach ist einfach unbeschreiblich!

45

# SCHICKE DEINEN KÖRPER AUF EINE SANFTE ENTGIFTUNGSTOUR

Das hört sich strenger an, als es ist. Verzichte doch mal eine Woche (oder länger) auf industriellen Zucker, Alkohol und Koffein. Iss ein paar Portionen Gemüse mehr als sonst und wähle Vollkornbrot statt Toast. Wenn du dann noch genügend Wasser zu dir nimmst, schenkst du deinem Körper alles, was er braucht.

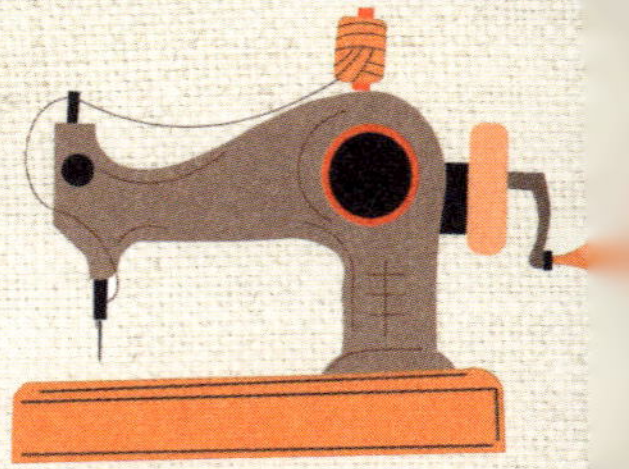

46

# Lebe deine Kreativität

Wir alle sind kreativ! Jede:r in einem anderen Bereich: beim Backen oder Nähen, beim Malen oder Handwerken, beim Schreiben, Designen oder Planen. Wo steckt deine Kreativität? Traue dich, sie zu leben. Ganz sicher kannst du andere Menschen mit deiner Leidenschaft anstecken.

47

# TANZE!

Sich zur Musik zu bewegen, ist etwas sehr Natürliches und Intuitives. Probier's gleich aus! Dabei ist es völlig egal, ob du eine einstudierte Choreografie übst, dich von einem Internetvideo anleiten lässt oder dich ganz einfach frei zur Musik bewegst. Wenn du die Musik fühlst und sie durch deinen Körper ausdrückst, schenkt das deiner Seele einen magischen Moment voller Energie und Glück.

# 48

# TRÄUME VON WÄRMEREN ZEITEN

49

# Hol dir Blumen in dein Zuhause

Das ist nicht nur im Frühling und Sommer möglich! Spätsommerliche Sonnenblumen, trendiges Deko-Trockengras oder der klassische Weihnachtsstern – Pflanzen machen glücklich und verschönern deine Umgebung.

50

# Verbringe Zeit mit Kindern

Ihnen sind Verpflichtungen und schlechtes Wetter (meistens) egal. Schau dir ein bisschen was von dieser Leichtigkeit ab und nimm das Leben heute nicht ganz so ernst.

# 51

# PFLANZE ETWAS UND FREUE DICH ÜBER DAS WACHSTUM

52

## ZELEBRIERE DIE LANGSAMKEIT

Du musst nicht immer drei Sachen gleichzeitig erledigen. Mach heute alles bewusster, langsamer, achtsamer als sonst. Spürst du, wie du den Fokus weniger schnell verlierst? Etwas Langsamkeit tut uns allen gut. Begegne diesen langsamen und ruhigen Momenten mit Offenheit und Wertschätzung, denn sie holen dich aus deinem Hamsterrad heraus.

53

## MACH EIN NICKERCHEN

54

# Schaue mal wieder einen **Wohlfühl**film

Hier ist bestimmt einer für dich dabei – Popcorn machen nicht vergessen!

- Die fabelhafte Welt der Amélie
- Chocolat
- E-Mail für dich
- Tatsächlich Liebe (Weihnachten nähert sich immerhin so langsam ...)
- Dirty Dancing
- Mrs. Doubtfire
- Nachts im Museum

55

# Nasche ohne schlechtes Gewissen Schokolade

Kakao macht schließlich glücklich!

56

# TU, WAS DEINER SEELE GUTTUT

Selbstfürsorge sollte
zu jedem Tag gehören.

57

# Schreibe dir eine Herbstblues-SOS-Liste

Damit du nie wieder vergisst, was dir an grauen Tagen hilft! Der Duft von einem ätherischen Öl, ein Anruf bei einem lieben Menschen, diese eine Playlist, die du vor Kurzem entdeckt hast …

58

# Sprich über deine Ängste und Sorgen

Du bist nicht allein!
Frage Freundinnen oder
die Familie um Rat oder
hol dir professionelle Hilfe.
Es gibt nichts,
was dagegenspricht.

59

# VERBRINGE ZEIT AM TAGESLICHT ...

Auch bei schlechtem Wetter kannst du dadurch Vitamin D tanken.

60

# … UND LEG DIR EINE TAGESLICHTLAMPE FÜR DUNKLERE TAGE ZU

Auch ein Lichtwecker kann dich begleiten, wenn du im Herbst und Winter morgens schwer in die Gänge kommst.

## 61

# Lies einen Wohlfühlroman …

… oder je nach Geschmack auch einen interessanten Ratgeber, Fantasy-Klassiker oder spannenden Krimi. Oder wie wäre es, wenn du mal ein Genre austesten würdest, das sich bisher so gar nicht in deinem Bücherregal findet?

# 62

# Lerne, Socken zu stricken

63

# Versuche, bewusst im Hier und Jetzt zu sein

Mache nicht zwei Sachen gleichzeitig
und schreibe gedanklich nicht den Einkaufszettel,
obwohl du gerade in einem interessanten Gespräch bist.
Übe dich zum Beispiel beim Zähneputzen oder
Geschirrspülen in Achtsamkeit
und nimm jeweils bewusst wahr,
was du gerade tust, fühlst,
siehst oder hörst.

64

## PROBIERE KNEIPPEN AUS

Wate beim Wassertreten wie ein Storch langsam durch das eisige Wasser oder sammle Wildkräuter und bereite dir einen Tee daraus zu. Das Wissen aus der Lehre von Sebastian Kneipp tut auch heute noch Körper und Seele gut.

65

## ACHTE AUF GENÜGEND SCHLAF

66

# Lebe nach deinem eigenen Rhythmus

Entdecke deinen Biorhythmus und lebe (wenn möglich) mit ihm, statt gegen ihn zu arbeiten. Wann stehst du normalerweise auf, wenn du dir keinen Wecker stellst? Wann bist du am produktivsten, wann meldet sich dein Appetit? Es bringt dich in Einklang mit dir selbst, wenn du nach deiner inneren Uhr lebst und nicht gegen sie.

67

# GÖNNE DIR EINE WELLNESS-AUSZEIT

Mit wohltuenden Massagen, einem Saunaaufguss oder ein paar Bahnen Schwimmen im Außenbecken kannst du den Alltag für kurze Zeit hinter dir lassen und deine Akkus wieder aufladen.

68

# BRING MIT LICHTERKETTEN DEIN ZUHAUSE ZUM LEUCHTEN

69

# Setz dich mit einer Tasse Tee ans Fenster

Lass deinen Tagträumen freien Lauf und beobachte neugierig, ob vielleicht irgendwelche Impulse für ein anstehendes Projekt zu dir kommen. Oft kommen uns in solchen verträumten Momenten die besten Ideen, wenn wir die Gedanken einfach ziehen lassen.

70

# TRINKE EINE HEISSE SCHOKOLADE MIT MARSHMALLOWS

71

# Denk zurück …

… und mach dir bewusst, womit du dir als Kind gerne die Zeit vertrieben hast. Schaukeln, Fensterbilder basteln, draußen Tannenzapfen sammeln? Warum nicht genau das auch als erwachsene Person wieder genießen?

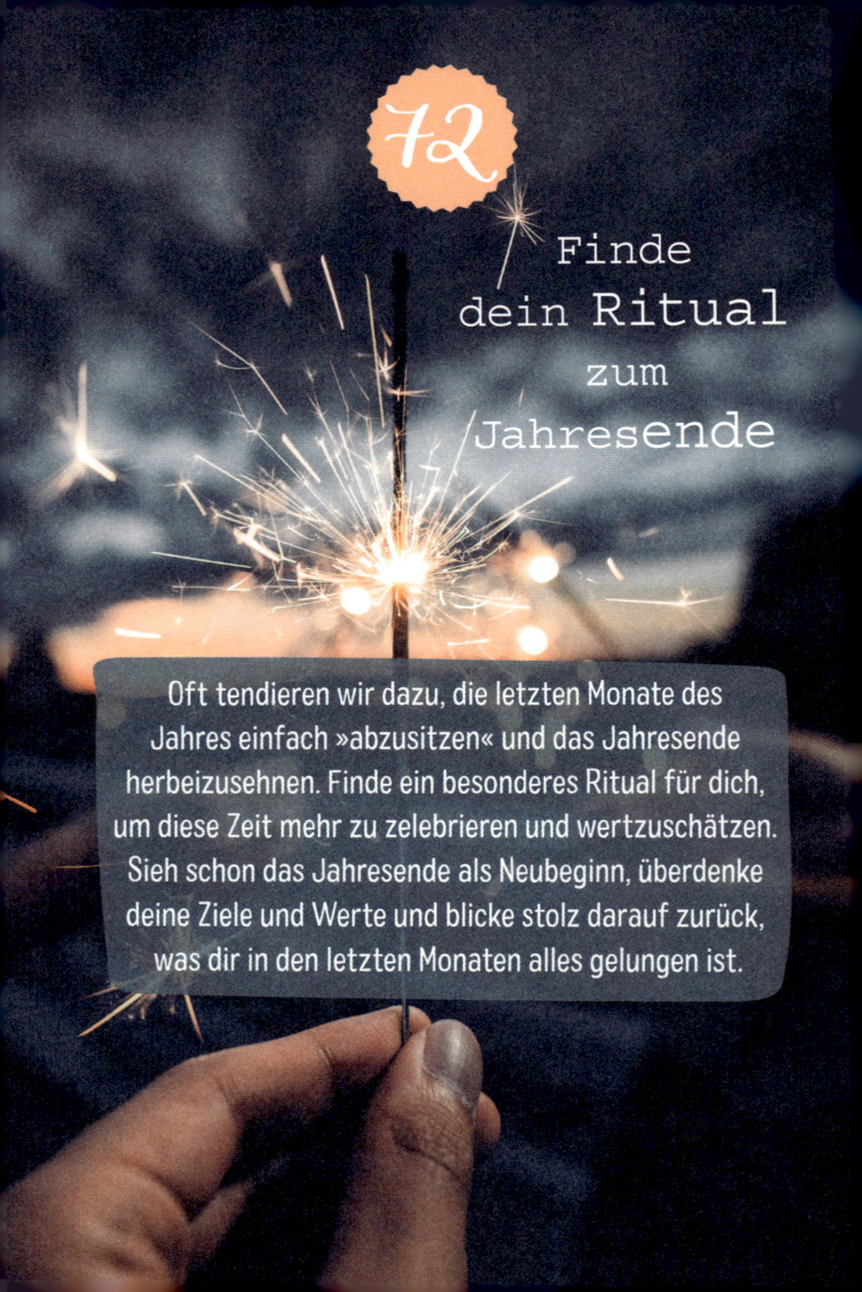

72

# Finde dein Ritual zum Jahresende

Oft tendieren wir dazu, die letzten Monate des Jahres einfach »abzusitzen« und das Jahresende herbeizusehnen. Finde ein besonderes Ritual für dich, um diese Zeit mehr zu zelebrieren und wertzuschätzen. Sieh schon das Jahresende als Neubeginn, überdenke deine Ziele und Werte und blicke stolz darauf zurück, was dir in den letzten Monaten alles gelungen ist.

73

# Bring Struktur in deinen Montag

Erstelle am besten schon am Freitag eine kurze To-do-Liste für den Wochenbeginn, um am Montag entspannt in die Woche zu starten. Das lästige »Montagsgefühl«, das viele am Sonntag einholt, kann dadurch oft etwas gemindert werden.

74

# Probiere einen neuen Look an dir aus

Wie wäre es mit einer neuen Nagellackfarbe
oder einem anderen Haarschnitt?

75

# Frische deine Garderobe auf

Auch in Secondhandshops gibt es viele Vintage-Schätze zu entdecken! Noch dazu bleiben die Kleider so im Kreislauf und werden nicht einfach weggeworfen. Also, was darf's denn sein? Eine neue Ledertasche fürs Office oder ein kuscheliger Wollpulli in Himmelblau?

76

# Tu jemandem etwas Gutes

Verwöhne deine:n Partner:in mit einem selbst gekochten Abendessen, schenke dem netten Gegenüber in der Bahn ein Lächeln und bringe dem Kollegen, der heute Geburtstag hat, einen Kaffee mit extra viel Milchschaum mit. Wenn es für dich möglich ist, etwas zu spenden, suche nach einer gemeinnützigen Organisation in deiner Stadt oder melde dich, um ehrenamtlich bei einem Flohmarkt für Spielzeug und Kinderkleider auszuhelfen.

77

# GEH AUF KUSCHELKURS

Mit dem Lieblingsmenschen oder deinem flauschigen Haustier: Das Bindungshormon Oxytocin stärkt Vertrauen und Zuneigung, löst positive Gefühle in deinem Gehirn aus und hat einen stressreduzierenden Effekt.

78

Geh Joggen
oder mach
Nordic Walking

79

# KOSTET ÜBERWINDUNG, WIRKT ABER: MACH MORGENS WECHSELDUSCHEN

Der Wechsel von warmem zu kaltem Wasser schenkt dir ein wunderbares Körpergefühl und gute Laune. Wie das funktioniert? Deine Gefäße werden abwechselnd geweitet und wieder verengt, das fördert die Durchblutung und regt Immunsystem und Stoffwechsel an. Du fühlst dich lebendig, wach und startklar für den Tag! Starte mit einer angenehm warmen Dusche, stell dann die Temperatur auf kalt und brause deinen Körper ab – angefangen bei den Füßen. Mach zweimal diesen Wechsel von warm auf kalt und trockne dich danach gut ab, damit du nicht auskühlst.

80

# Passe deine Ernährung der Jahreszeit an

Im Herbst und Winter gibt es viele erdende Nahrungsmittel zu entdecken, die deinem Körper eine Ruhepause schenken: Kürbis, Kartoffeln, Karotten, Sellerie, Pastinaken, rote Linsen, Pflaumen ... Kombiniert mit wärmenden Gewürzen wie Zimt, Kümmel, Ingwer, Rosmarin und Orangenschale werden diese ausgleichenden Energiequellen zu einer wahren Bereicherung auf deinem Speiseplan.

81

# LIES (ODER SCHREIB) DOCH MAL WIEDER EIN GEDICHT

82

MACH EINEN SPAZIERGANG IN DER NATUR – WENN NÖTIG MIT DICKEM SCHAL ODER GUMMISTIEFELN

83

# Tanke Kraft …

… und gönne deiner Seele und deinem Körper immer dann eine Pause, wenn diese benötigt wird.

84

# LAUSCHE KAMINFEUERGERÄUSCHEN

Die kannst du nämlich auch im Internet
als Video genießen – die Wärme fehlt dann zwar,
aber das Knistern und Knacken schafft trotzdem
eine wohlig-gemütliche Stimmung im Raum.

85

Lass dich von einem **Hörbuch** verzaubern

86

Plane mit
Freund:innen
oder der Familie
gemeinsame
Ausflüge

87

# SAMMLE EIN PAAR WUNDERSCHÖNE HERBSTBLÄTTER UND PRESSE SIE IN EINEM DICKEN BUCH ZWISCHEN ZEITUNGSSEITEN

88

# KAUFE AUF DEM WOCHENMARKT EIN

Wähle saisonales und regionales Gemüse aus und bereite dir daraus zu Hause eine wärmende Suppe zu. Das erdet dich und unterstützt regionale Biobauern.

89

# KOCHE DEIN LIEBLINGSESSEN

Hol dir am besten noch eine liebe Begleitung dazu und genießt den gemeinsamen kulinarischen Moment mit Kürbissuppe, Kartoffelgratin oder Mousse au Chocolat. Oder gleich mit einem ganzen Menü?

90

Streichle einen **Hund** oder eine **Katze**

91

# Buche eine Esel- oder Alpakawanderung

Die treuen Tiere bringen dich nicht nur als sichere Reisebegleitung an dein Ziel, sondern sorgen bestimmt auch für das ein oder andere Schmunzeln auf dem Weg dorthin.

92

Starte den Tag
mit einem **warmen**
Frühstück

93

# VERTEILE LAVENDEL-DUFTSÄCKCHEN IN DER WOHNUNG

Lavendelblüten haben eine entspannende und schlaffördernde Wirkung und können auch bei Stress und Ängsten eine Unterstützung sein.

94

# Probiere ein paar Yoga-Haltungen aus

Die Haltung des Kindes schenkt Trost und Geborgenheit, der Schmetterling löst emotionale Blockaden und Shavasana bringt dich zur Ruhe.

SINGE EIN LIED (ODER AM BESTEN GLEICH MEHRERE)

# 96

Telefoniere mit jemandem, der **weit weg** wohnt

97

# BESUCHE EINE KULTURVERANSTALTUNG

Finde neue Inspiration auf einer Lesung, bei einem Musicalabend, einem Poetry-Slam oder einer langen Nacht der Museen. Lass dich von den neuen Perspektiven zum Nachdenken bringen, aufrütteln, verzaubern oder einfach glücklich machen.

98

Schaue deine Lieblingsserie zum hundertsten Mal an

99

# STÖBERE IN ALTEN FOTOALBEN

Nostalgie kann ein wohlig-warmes Gefühl im Herzen erzeugen. Nimm die Erinnerungen zum Anlass, voller Dankbarkeit darauf zurückzublicken. Was hast du aus der Vergangenheit mitgenommen? Welche Menschen hast du noch immer um dich, auch nach so langer Zeit?

Die in diesem Buch gewählten geschlechtlichen Formen beziehen sich immer zugleich auf weibliche, männliche und diverse Personen, denn natürlich sollen unsere Bücher allen Menschen Freude bringen. Wir haben bewusst zwischen der weiblichen, männlichen und einer offenen Schreibweise abgewechselt, um diese Herzensangelegenheit zu unterstreichen.



Covermotiv: www.shutterstock.com: Kichigin, Nadia Grapes, Vectoraty
Fotografien Innenteil: www.shutterstock.com: S. 14: Yulia Vasilyeva, S. 24: sedir, S: 42. Jessica Nyyssonen; S. 45: P_Lila, S. 47: Tegan T, S. 49: Misses Jones, S. 52: Avdeyukphoto, S. 54: yul38885, S. 56: ganjalex, S. 61: ROCO real, S. 63: grafvision, S. 64: Igisheva Maria, S. 66: Sentelia, S. 71: Netrun78; Getty Images: S. 4: RalucaHotupan, S. 7: Daniela Simona Temneanu / EyeEm, S. 13: Artsyslik, S. 15: mirzamlk, S. 27: Tutye, S. 32: Wirestock, S. 75: IRA_EVVA, S. 77: ChristianChan, S. 79: xeipe, S. 80: Rawf8, S. 83: frentusha, S. 87: Milosz_G, S: 89: Kisa_Markiza, S. 90: millann, S. 92: NiseriN, S: 94: m-gucci; Unsplash: S. 9: Marianne Krohn, S. 11: Markus Spiske, S. 18: Susan Weber, S. 21: eberhard grossgasteiger, S. 22: Olivia Hutcherson, S. 28: Maxx Gong, S. 31: Lidye Nada, S. 34: Duo Chen, S. 35: Ekaterina Klishevnik, S. 36: Marissa Grootes, S. 38: Stephanie Harves, S. 41: Matheo JBT, S. 50: Nathan DeFiesta, S. 59: rocknwool, S. 68: Warren Wong, S. 72: Celine Sayuri Tagami, S. 85: Kerstin Wrba
Hintergründe & Vignetten: Eva Schindler; www.shutterstock.com: AllNikArt, Bibadash, carloscve CoCoArt_Ua, Favebrush, Kichigin, lena_nikolaeva, Macrovector, Mariana Santiaga, Nadia Grapes, Pinkypong, Primiaou, Shorena Tedliashvili, Singleline, Tetiana Maltseva, Triple_D Studio, Vectoraty; Getty Images: Aleksei Lagunov, Alena Blinnikova, Andrii Moroziuk, Bogdan Populov, Cheremuha, elenabs, invincible_bulldog, irem soyler, Ksenia Zvezdina, Larisa Vladimirova, Malte Mueller, miu_miu, Mooikunst, MsMoloko, nadyaillyustrator, NataBene, Petro Bevz, redchocolatte, Rinat Khairitdinov, Ruslana_Vasiukova, Sudowoodo, Vector DSGNR, VectorStory, venimo, Yelyzaveta Matiushenko
Gestaltung Cover: Grafisches Atelier, arsEdition GmbH
Gestaltung Innenteil: Eva Schindler, Grafing
ISBN 978-3-8458-4992-8
www.arsedition.de

MIX
Papier | Fördert gute Waldnutzung
FSC® C018236
www.fsc.org